（木刻珍藏版）

不受諸受乃為正受　真空寂定此心不動

慈悲三昧水懺

知前賢事跡之有端　由歷劫果因之不昧

悟達國師◎著

南無本師釋迦牟尼佛

悟達國師　迦諾迦尊者

慈悲道場水懺序

竊謂聖教經律論藏(音一)譯席所翻之外。爾後羣賢製作。未有無所感而爲之者乎。若條陳枚(音梅)舉。品別而言。未易紀極。卽此靈文。而曰水懺者。講言其由。昔唐懿宗朝。有悟達國師知玄者。未顯時。嘗與一僧邂逅於京師。忘其所寓之地。其僧乃患迦摩羅疾。衆皆惡之。而知玄與之爲隣。時時顧問。晷無厭色。因分袂。其僧感其風義。祝之曰。子向後有難。可往西蜀彭州九隴山相尋。其山有二松爲誌。後悟達國師居安國寺。道德昭著。懿宗親臨法席。賜沉香爲法座。恩渥甚厚。自爾忽生人面瘡於膝上。眉目口齒俱備。每以飲食餧(音委)之。則開口吞啖(音坦)與人無異。徧召名醫。皆拱手默默。因記昔日同往僧之語。竟入山相尋。值天色已晚。徬徨四顧。乃見二松於煙雲間。信期約之不誣。卽趨其所。崇樓廣殿。金碧交輝。其僧立於門首。顧接甚歡。因留宿。遂以所苦告之。彼云。無傷也。巖下有泉。明旦濯(音卓)之卽愈。黎明。童子引至泉所。方掬(音菊)水。問其人面瘡。遂大呼未可洗。公識達深遠。考究古今。曾讀西漢書。袁盎(昂去声)晁錯傳否。曰。曾讀。既曾讀之。寧不知袁盎殺晁錯乎。公即袁盎。吾即晁錯也。錯腰斬東市。其冤爲何如哉。累世求報。於公而公十世爲高僧。戒律精嚴。報不得其便。今汝受人主寵遇過奢。名利心起。於德有損。故能害之。今蒙迦諾迦尊者。洗我以三昧法水。自此以往。不復與汝爲冤矣。悟達聞之。凜然魂不住。體連忙掬水洗之。其痛徹髓(音水)。絕而復甦。覺來其瘡不見。乃知聖賢混跡。非凡情所測。再欲瞻敬回顧寺宇。不可復見。因卓菴其所。遂成招提。迨我宋朝。至道年中。賜名至德禪寺。有高僧信師古作記。紀其事甚詳。悟達當時感其殊異。深思積世之寃。非遇聖人。何由得釋。因述爲懺法。朝夕禮誦。後傳播天下。今之懺文三卷者乃斯文也。蓋取三昧水洗冤業爲義命名曰水懺。此悟達感迦諾迦之異應正名立義。報本而爲之云耳。今輒敘夫故實標顯先猷。庶幾開卷若禮若誦者。知前賢事跡之有端。由歷劫果因之不昧也。

楊枝淨水。徧灑三千。性空八德利人天。餓鬼免鍼咽。滅罪除愆。火燄化紅蓮。

南無清涼地菩薩摩訶薩 三稱

禮懺式 眾等入壇搭衣禮佛稱念

南無聖觀自在菩薩 三稱 眾持大悲等呪心經畢舉

摩訶般若波羅蜜多 云云

唵捺摩巴葛瓦帝阿巴囉蜜沓阿優哩阿納

蘇必你實執沓牒左囉宰也怛塔哿達也阿

囉訶帝三藥三不達也怛你也塔唵薩哩巴

桑斯葛哩叭哩迷沓達囉馬帝哥哥捺桑馬

兀哥帝莎巴瓦比迷帝馬喝捺也叭哩瓦哩。

莎喝。　願將以此勝功德祝讚

大千永吉祥。無上尊。三界悉歸依南無無量

壽。祝讚　大千永吉祥。

或念觀音讚

觀音大士。悉號圓通。十二大願誓弘深。苦海渡迷津。救苦尋聲。無刹不現身。

音讀

以此經呪功德。回向護法龍天。三界嶽瀆靈

聰。守護道場眞宰。祈福保安平。善莊嚴無上菩提。普願法界眾生。共入毘盧性海。

舉香讚

爐香乍熱。法界蒙熏。諸佛海會悉遙聞。隨處結祥雲。誠意方殷。諸佛現全身。

南無香雲蓋菩薩摩訶薩 三稱

有一菩薩。結跏趺坐。名曰普賢。身白玉色。五十種光。光五十種色。以爲項光。身諸毛

孔。流出金光。其金光端。無量化佛。諸化菩
薩。以爲眷屬。安詳徐步。雨大寶花。至行者
前。其象開口。於象牙上。諸池玉女。鼓樂絃
歌。其聲微妙。讚歎大乘。一實之道。行者見
已。歡喜敬禮。復更讀誦。甚深經典。徧禮十
方。無量諸佛。禮多寶佛塔。及釋迦牟尼。并
禮普賢。諸大菩薩。發是誓願。若我宿福。應

見普賢。願尊者徧吉。示我色身。

南無普賢王菩薩摩訶薩 三稱

一切恭敬

一心頂禮。十方法界。常住佛。一拜

一心頂禮。十方法界。常住法。一拜

一心頂禮。十方法界。常住僧。一拜

是諸眾等。各各胡跪。嚴持香花。如法供養。

（默念）

願此香花徧十方　以爲微妙光明臺
諸天音樂天寶香　諸天餚饍天寶衣
不可思議妙法塵　一一塵出一切塵
一一塵出一切法　旋轉無礙互莊嚴
徧至十方三寶前　十方法界三寶前
悉有我身修供養　一一皆悉徧法界
彼彼無襍無障礙　盡未來際作佛事

普熏法界諸眾生　蒙熏皆發菩提心
同入無生證佛智　運想已。散花。復執手爐。舉
願此香花雲　遍滿十方界　供養一切佛
尊法諸菩薩　緣覺聲聞眾　及一切天仙
以起光明臺　過於無邊界　無邊佛土中
受用作佛事　普熏諸眾生　皆發菩提心
南無寶壇華菩薩摩訶薩　三稱

釋迦如來　證明禮懺述和　主懺白云

妄念成生滅　眞如不變遷　總持難思議

無住對空宣

仰白　十方三寶。刹海天龍。懺摩海會聖凡。

願賜慈悲。俯垂證鑑。有疏披宣。伏希諦聽。

表白宣意

上來情旨。恭對披宣。大圓鑑中。諒垂印可。是以備香花供養。燈燭莊嚴。延我等流。代行懺法。今則依仗如來大寂滅海。歸投普門大悲願王。蕩罪業於無何有之鄉。翦芥蒂於不萌枝之地。心純是法。與法相應。理事圓融。行願成就。我既如是。佛必哀憐。祈叩洪慈。冥熏加被。

慈悲水懺法卷上

天上天下無如佛　十方世界亦無比

世間所有我盡見　一切無有如佛者

啟運慈悲道場懺法　一心歸命三世諸佛

南無過去毘婆尸佛

南無尸棄佛

南無毘舍浮佛

南無拘留孫佛

南無拘那含牟尼佛

南無迦葉佛

南無本師釋迦牟尼佛

南無當來彌勒尊佛

南無本師釋迦牟尼佛 三稱

開經偈

無上甚深微妙法　百千萬劫難遭遇
我今見聞得受持　願解如來真實義
一切諸佛。慜念眾生。為說水懺道場總法。良
以眾生垢重。何人無罪。何者無愆。凡夫愚行。
無明闇覆。親近惡友。煩惱亂心。立性無知。恣(音至)
心自恃。不信十方諸佛。不信尊法聖僧。不孝
父母六親眷屬。盛年放逸。以自憍(音交)倨(音具)。於一切

財寶。一切歌樂。一切女色心生貪戀意起煩惱。親近非聖。媟(音屑)狎惡友。不知悛(音栓)革。或殺害一切眾生。或飲酒昏迷。無智慧心。恆與眾生。造業破戒。過去諸罪。現在眾惡。今日志誠悉皆懺悔。未作之罪。不敢更作。是故今日志心歸依十方盡虛空界。一切諸佛。諸大菩薩。辟支羅漢。梵王帝釋。天龍八部。一切聖眾。願垂證鑑。

南無毘盧遮那佛

南無本師釋迦牟尼佛

南無阿彌陀佛

南無彌勒佛

南無龍種上尊王佛

南無龍自在王佛

南無寶勝佛

南無覺華定自在王佛

南無袈裟幢佛

南無師子吼佛

南無文殊師利菩薩

南無普賢菩薩

南無大勢至菩薩

南無地藏菩薩

南無大莊嚴菩薩

南無觀自在菩薩

禮諸佛已。次復懺悔。夫欲禮懺。必須先敬三寶。所以然者。三寶即是一切眾生良友福田。若能歸向者。則滅無量罪。長無量福。能令行者。離生死苦。得解脫樂。是故

歸依十方。盡虛空界。一切諸佛。一拜

歸依十方。盡虛空界。一切尊法。一拜

歸依十方。盡虛空界。一切聖僧。一拜

某等今日所以懺悔者。正爲無始以來。在凡夫地。莫問貴賤。罪相無量。或因三業而生罪。或從六根而起過。或以內心自邪思惟。或藉外境起諸染著。如是乃至十惡增長。八萬四千諸塵勞門。然其罪相。雖復無量。大而爲語。不出有三。一者煩惱。二者是業。三者果報。此三種法。能障聖道。及以人天勝妙好事。是故經中目爲三障。所以諸佛菩薩。教作方便懺悔除滅。此三障滅。則六根十惡。乃至八萬四千諸塵勞門。皆悉清淨。是故 某 等。今日運此增上勝心。懺悔三障。欲滅三障者。當用何等心。可令此障滅除。先當興七種心。以爲方便。然後此障乃可得滅。何等爲七。一者慚愧。二者恐怖。三者厭離。四者發菩提心。五者怨親平等。六者念報佛恩。七者觀罪性空。第一慚愧者。自惟我與釋迦如來同爲凡夫。而今世尊成道以來。已經爾所塵沙劫數。而我等相與耽(音丹)染六塵。輪轉生死。永無出期。此實天下可慚可愧。可羞可恥。第二恐怖者。既是凡夫。身口意業。常與罪相應。以是因緣。命終之後。應墮地獄畜生餓鬼。受無量苦。如此實爲可驚可恐。可怖可懼。第三厭離者。相與常觀生死之中。唯有無常苦空。無我不淨。虛假如水上泡。速起速滅。往來流轉。猶如車輪。生老病死。八苦交煎。無時暫息。衆等相與。但觀自身。

從頭至足。其中但有三十六物。髮毛爪(音皁)齒眵(音痴)淚涕唾(音兎)垢汗二便。皮膚血肉。筋脈骨髓肪(音方)膏腦膜(音莫)脾腎心肺。肝膽腸胃。赤白痰癊(音印)生熟二藏。如是九孔常流。是故經言。此身眾苦所集。一切皆是不淨。何有智慧者。而當樂此身。生死既有如此種種惡法。甚可患厭。第四發菩提心者。經言。當樂佛身。佛身者即法身也。從無量功德智慧生。從六波羅蜜生。從慈悲喜捨生。從三十七助菩提法生。從如是等。種種功德智慧。生如來身。欲得此身者。當發菩提心。求一切種智。常樂我淨。薩婆若。果淨佛國土。成就衆生。於身命財。無所悋惜。第五怨親平等者。於一切衆生。起慈悲心。無彼我相。何以故爾。若見怨異於親。即是分別。以分別故。

起諸相著。相著因緣。生諸煩惱。煩惱因緣。造
諸惡業。惡業因緣。故得苦果。第六念報佛恩
者。如來往昔無量劫中。捨頭目髓腦支節手
足國城妻子象馬七珍。爲我等故修諸苦行。
此恩此德。實難酬報。是故經言。若以頂戴兩
肩荷（音賀）負。於恆沙劫。亦不能報。我等欲報如來
恩者。當於此世。勇猛精進。捍（音幹）勞忍苦。不惜身

命。建立三寶。宏通大乘。廣化眾生。同入正覺。
第七觀罪性空者。罪無自性。從因緣生。顛倒
而有。既從因緣而生。亦從因緣而滅。從因緣
而生者。狎近惡友。造作無端。從因緣而滅者。
即是今日洗心懺悔。是故經言。此罪性。不在
內。不在外。不在中間。故知此罪。從本是空。生
如是等七種心已。緣想十方諸佛賢聖。擎(音情)拳(音全)

合掌。披陳致禱。慚愧改革。舒瀝音力心肝。洗蕩腸胃音謂。如此懺悔。何罪不滅。何福不生。若復不爾。悠悠緩縱。情慮躁音造動。徒自勞形。於事何益。且復入命無常。喻如轉燭。一息不還。便同灰壞。三塗苦報。即身應受。不可以錢財寶貨囑託求脫。杳堯上声杳冥冥。恩赦無期。獨嬰此苦。無代受者。莫言我今生中無有此罪。所以不須懇禱

懺悔。經中謂言。凡夫之人。舉足動步。無非是
罪。又復過去生中。皆悉成就無量惡業。追逐
行者。如影隨形。若不懺悔。罪惡日深。故知包
藏瑕（音霞）疵（音慈）佛不許可。說悔先罪。淨名所尚。故使
長淪苦海。寶由隱覆。是故　某　等。今日發露懺
悔。不復覆藏。所言三障者。一曰煩惱。二名爲
業。三是果報。此三種法。更相由藉。因煩惱故。

所以起諸惡業。惡業因緣。故得苦果。是故某
等。今日至心懺悔。第一先應懺悔煩惱障。而
此煩惱。皆從意起。所以者何。意業起故。則身
與口隨之而動。意業有三。一者慳貪。二者瞋
恚。三者癡闇。由癡闇故。起諸邪見。造諸不善。
是故經言。貪瞋癡業。能令衆生墮於地獄餓
鬼畜生受苦。若生人中。得貧窮孤露。兇狠頑

鈍。愚迷無知。諸煩惱報。意業既有如此惡果。是故某等今日。至心歸命諸佛。求哀懺悔。夫此煩惱。諸佛菩薩。入理聖人。種種呵責。亦名此煩惱。以為怨家。何以故。能斷眾生。慧命根故。亦名此煩惱。以之為賊。能劫眾生。諸善法故。亦名此煩惱。以為瀑（音報）河。能漂眾生。入於生死。大苦海故。亦名此煩惱。以為羈（音雞）鎖。能繫眾生於生死獄。不能得出故。所以六道牽連。四生不絕。惡業無窮。苦果不息。當知皆是煩惱過患。是故今日運此增上善心。求哀懺悔。某等自從無始以來。至於今日。或在人天六道受報。有此心識。常懷愚惑。繁(音凡)滿胸(音兄)襟。或因三毒根。造一切罪。或因三漏。造一切罪。或因三苦。造一切罪。或緣三倒。造一切罪。或貪三有。

造一切罪。如是等罪。無量無邊。惱亂一切六道四生。今日慚愧。皆悉懺悔。又復某等自從無始以來。至於今日。或因四識。造一切罪。或因四流。造一切罪。或因四取。造一切罪。或因四執。造一切罪。或因四緣。造一切罪。或因四大。造一切罪。或因四縛。造一切罪。或因四貪。造一切罪。或因四生。造一切罪。如是等罪。無量無邊。惱亂六道。一切眾生。今日慚愧。皆悉懺悔。又復某等。自從無始以來。至於今日。或因五住。造一切罪。或因五蓋。造一切罪。或因五慳。造一切罪。或因五見。造一切罪。或因五心。造一切罪。如是等煩惱。無量無邊。惱亂六道一切眾生。今日發露。皆悉懺悔。又復某等自從無始以來。至於今日。或因六根。造一切罪。或因六識。造一切罪。或因六想。造一切罪。或因六受。造一切罪。或因六行。造一切罪。或因六愛。造一切罪。或因六疑。造一切罪。如是等煩惱無量無邊。惱亂六道一切衆生。今日慚愧發露。皆悉懺悔。又復某等。自從無始以來。至於今日。或因七漏。造一切罪。或因七使。造一切罪。或因八倒。造一切罪。或因八垢。造一切罪。或因八苦。造一切罪。如是等煩惱。無量無邊。惱亂六道一切眾生。今日發露。皆悉懺悔。又復某等。自從無始以來。至於今日。或因九惱。造一切罪。或因九結。造一切罪。或因九緣。造一切罪。或因十煩惱。造一切罪。或因十纏(音刪。)造一切罪。或因十一徧使。造一切罪。或因十二入。造一切罪。或因十六知見。造一切

罪。或因十八界。造一切罪。或因二十五我。造
一切罪。或因六十二見。造一切罪。或因見諦
思惟。九十八使。百八煩惱。晝夜熾(音翅)然。開諸漏
門。造一切罪。惱亂賢聖。及以四生。徧滿三界。
彌亙六道。無處可避。今日致禱。向十方佛尊
法聖衆。慚愧發露。皆悉懺悔。願 某 等。承是懺
悔。三毒一切煩惱。所生功德。生生世世。三慧

明。三達朗。三苦滅。三願滿。願承是懺悔。四識等一切煩惱。所生功德。生生世世。廣四等心。立四信業。滅四惡趣。得四無畏。願承是懺悔。五蓋等諸煩惱。所生功德。度五道。堅五根。淨五眼。成五分。願承是懺悔。六受等諸煩惱。所生功德。生生世世。具足六神通。滿足六度業。不爲六塵惑。常行六妙行。又願承是懺悔。七漏八垢九結十纏等。一切諸煩惱。所生功德。生生世世。坐七淨華。洗八解水。具九斷智。成十地行。願以懺悔十一徧使。及十二入十八界等。一切諸煩惱。所生功德。願十一空。能解。常用棲心自在。能轉十二行法輪。具足十八不共之法。無量功德。一切圓滿。發願已。歸命禮諸佛。

南無毘盧遮那佛

南無本師釋迦牟尼佛

南無阿彌陀佛

南無彌勒佛

南無龍種上尊王佛

南無龍自在王佛

南無寶勝佛

南無覺華定自在王佛
南無袈裟幢佛
南無師子吼佛
南無文殊師利菩薩
南無普賢菩薩
南無大勢至菩薩
南無地藏菩薩

南無大莊嚴菩薩

南無觀自在菩薩

禮諸佛已次復懺悔夫論懺悔者。本是改往修來。滅惡興善。人之居世誰能無過。學人失念。尚起煩惱。羅漢結習。動身口業。豈況凡夫。而能無過。但智者先覺。便能改悔。愚者覆藏。遂使滋蔓音萬。所以長夜積習。曉悟無期。若能慚愧。發露懺悔者。豈唯止是滅罪。亦復增長無量功德。豎立如來涅槃妙果。若欲行此法者。先當外肅形儀。瞻奉尊像。內起敬意。緣於想法。懇切至禱。生二種心。何等為二。一者自念我此形命。難可常保。一朝散壞。不知此身何時可復。若復不值諸佛賢聖。忽逢惡友。造眾罪業。復應墮落深坑險趣。二者自念我此生中。雖得值遇如來正法。不爲佛法紹繼聖種。
淨身口意。善法自居。而今我等私自作惡。而
復覆藏。言他不知。謂彼不見。隱慝（音特）在心。傲然
無愧。此實天下愚惑之甚。卽今現有十方諸
佛。諸大菩薩。諸天神仙。何曾不以淸淨天眼。
見於我等所作罪惡。又復幽顯靈祇（音其）注記罪
福。纖（音先）毫無差。夫論作罪之人。命終之後。牛頭

獄卒。錄其精神。在閻羅王所。辯核是非。當爾之時。一切怨對。皆來證據。各言汝先屠戮我身。炮煮蒸炙。或先剝奪於我一切財寶。離我眷屬。我於今日始得汝便。於時現前證據。何得敢諱。雖應甘心分受宿殃。如經所明。地獄之中。不枉治人。若其平素所作衆罪。心自忘失者。臨命終時。造惡之處。一切諸相。皆現在前。各言汝昔在於我邊。作如是罪。今何得諱。是時作罪之人。無藏隱處。於是閻羅王切齒呵責。將付地獄。歷無量劫。求出莫由。此事不遠。不關他人。正是我身。自作自受。雖父子至親。一旦對至。無代受者。我等相與得此人身。體無衆疾。各自努力。與性命競。大怖至時。悔無所及。是故至心。求哀懺悔。某 等自從無始以來。至於今日。積聚無明。障蔽心目。隨煩惱性。造三世罪。或耽染愛著。起貪欲煩惱。或瞋恚忿怒懷害煩惱。或心憒(音潰)懵(音蒙)懵不了煩惱。或我慢自高。輕傲煩惱。疑惑正道。猶豫煩惱。謗無因果。邪見煩惱。不識緣假。著我煩惱。迷於三世。執斷常煩惱。朋狎惡法。起見取煩惱。僻稟邪師。造戒取煩惱。乃至一切四執。橫計煩惱。今日至誠。悉皆懺悔。又復無始以來至於今日。守惜堅著。起慳恪煩惱。不攝六情。奢誕(音但)煩惱。心行弊惡。不忍煩惱。怠惰緩縱。不勤煩惱。疑慮躁動。覺觀煩惱。觸境迷惑。無知解煩惱。隨世八風。生彼我煩惱。諂曲面譽(音預)。不直心煩惱。强獷(音拱)難觸。不調和煩惱。易忿難悅。多含恨煩惱。嫉妒(音杜)擊刺。狠(恒上声)戾煩惱。凶險暴害。慘毒

煩惱。乖背聖諦。執相煩惱。於苦集滅道。生顛
倒煩惱。隨從生死十二因緣。輪轉煩惱。乃至
無始無明住地。恆沙煩惱。起四住地。構音垢於三
界。苦果煩惱。無量無邊惱亂賢聖。六道四生。
今日發露。向十方佛。尊法聖眾。皆悉懺悔。願
某等承是懺悔。意業所起貪瞋癡等。一切煩
惱。所生功德。生生世世。折憍慢幢。竭愛欲水。

滅瞋恚火。破愚癡闇。拔斷疑根。裂諸見網。深識三界。猶如牢獄。四大毒蛇。五陰怨賊。六入空聚。愛詐親善。修八聖道。斷無明源。正向涅槃。不休不息。三十七品。心心相續。十波羅蜜。常得現前。懺悔發願已。至心信禮常住三寶。

慈悲三昧水懺卷上

滅罪眞言

離婆離婆帝。求訶求訶帝。陀羅尼帝。尼訶羅帝。毘黎你帝。摩訶伽帝。眞陵乾帝。莎婆訶。(三遍)

讚

瘡如人面。宿憾(音漢)何多。清泉一掬。卽消磨憫已復憐他。述爲懺摩。萬古沐恩波

南無懺摩會上佛菩薩(三稱)

南無藥師瑠璃光如來

諸佛菩薩聖誕紀念日

彌勒菩薩聖誕	正月初一日
釋迦牟尼佛出家	二月初八日
釋迦牟尼佛涅槃	二月十五日
觀世音菩薩聖誕	二月十九日
普賢菩薩聖誕	二月廿一日
準提菩薩聖誕	三月十六日
文殊菩薩聖誕	四月初四日
釋迦牟尼佛聖誕	四月初八日
伽藍菩薩聖誕	五月十三日
韋馱菩薩聖誕	六月初三日
觀世音菩薩成道	六月十九日
大勢至菩薩聖誕	七月十三日
盂蘭節佛歡喜日	七月十五日
地藏王菩薩聖誕	七月三十日
觀世音菩薩涅槃	九月十九日
藥師如來聖誕	九月三十日
阿彌陀佛聖誕	十一月十七日
釋迦牟尼佛成道	十二月初八日

慈悲水懺法卷中

四八端嚴微妙相　僧祇三大劫修來
面如滿月目如蓮　天上人間咸恭敬

一切諸佛。愍念眾生。為說水懺道場總法。今當歸命一切諸佛。

南無毘盧遮那佛

南無本師釋迦牟尼佛

南無阿彌陀佛

南無彌勒佛

南無龍種上尊王佛

南無龍自在王佛

南無寶勝佛

南無覺華定自在王佛

南無袈裟幢佛

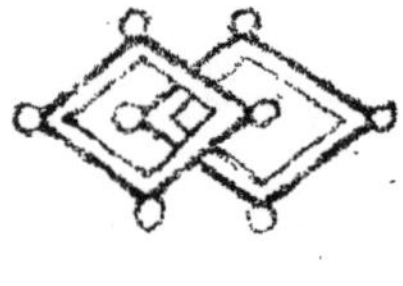

南無師子吼佛

南無文殊師利菩薩

南無普賢菩薩

南無大勢至菩薩

南無地藏菩薩

南無大莊嚴菩薩

南無觀自在菩薩

禮諸佛已次復懺悔。　眾等卽今身心寂靜。無諂無障。正是生善滅惡之時。復應各起四種觀行。以爲滅罪方便。何等爲四。一者觀於因緣。二者觀於果報。三者觀我自身。四者觀如來身。第一觀於因緣者。知我此罪。藉以無明。不善思惟。無正觀力。不識其過。遠離善友。諸佛菩薩。隨逐魔道。行邪險徑。如魚吞鉤。不知其患。如蠶作繭(音剪)自纏自縛。如蛾赴火。自燒自爛。以是因緣。不能自出。第二觀於果報者。所有諸惡不善之業。三世輪轉。苦果無窮。沉溺(音匿)無邊。巨夜大海。為諸煩惱羅剎所食。未來生死。冥然無涯(音牙)。設使報得轉輪聖王。王四天下。飛行自在。七寶具足。命終之後。不免惡趣(音去)。四空果報。三界極尊。福盡還作牛領中蟲。況復其餘。無福德者。而復懈怠。不勤懺悔。此亦譬如抱石沉淵。求出應難。第三觀我自身。雖有正因靈覺之性。而爲煩惱黑闇（音暗）叢（音虫）林之所覆蔽。無了因力。不能得顯。我今應當發起勝心。破裂（音列）無明顛倒重障。斷滅生死虛僞（音位）苦因。顯發如來大明覺慧。建立無上涅槃妙果。第四觀如來身。無爲寂照。離四句。絕百非。衆德具足。湛然常住。雖復方便。入於滅度。慈悲救接。未曾暫捨。生如是心。可謂滅罪之良津。除障之要行。是故至誠。求哀懺悔。某等無始以來。至於今日。長養煩惱。日深日厚。日滋日茂。覆蓋慧眼。令無所見。斷除眾善。不得相續。起障不得見佛。不聞正法。不值聖僧。煩惱起障不見。過去未來。一切善惡業行。出離煩惱。障

受人天。尊貴之煩惱障生色無色界。禪定福
樂之煩惱。障不得自在神通。飛騰隱。顯徧至
十方。諸佛淨土。聽法之煩惱。障學安那般那。
數息不淨。因緣觀等諸煩惱。障學燠（音暖）頂忍第
一法。七方便等諸煩惱。障學慈悲喜。捨聞思
修等諸煩惱。障學空平等中道解。三觀義諸
煩惱。障學助道品。念處正勤。根力如意足諸

煩惱障學八正道示相之煩惱障學七覺支不示相煩惱障學八解脫九空定煩惱障學於十智三三昧煩惱障學三明六通四無礙煩惱障學六度四等煩惱障學四攝法廣化之煩惱障學大乘心四宏誓願之煩惱障學十明十行之煩惱障學十回向十願之煩惱障學初地二地三地四地明解之煩惱障學

五地六地七地。諸知見煩惱障。學八地九地十地。雙照之煩惱障。學佛果百萬阿僧祇。諸行之煩惱。如是行障。無量無邊。今日致禱稽（音啓）懇向十方佛尊法聖眾。慚愧懺悔。願皆消滅。願藉此懺悔障於諸行一切煩惱所生功德。願在在處處自在受生。不為結集業行之所迴轉。以如意通。於一念頃。徧至十方淨諸佛土。攝化衆生。於諸禪定甚深境界及諸知見。通達無礙。心能普周。一切諸法。樂說無窮。而不染著。得心自在。得法自在。方便自在。令此煩惱。及無知結習。畢竟永斷。不復相續。無漏聖道。朗然如日。懺悔發願已。歸命禮諸佛。

南無毘盧遮那佛

南無本師釋迦牟尼佛

南無阿彌陀佛

南無彌勒佛

南無龍種上尊王佛

南無龍自在王佛

南無寶勝佛

南無覺華定自在王佛

南無袈裟幢佛

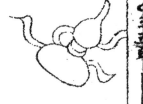

南無師子吼佛

南無文殊師利菩薩

南無普賢菩薩

南無大勢至菩薩

南無地藏菩薩

南無大莊嚴菩薩

南無觀自在菩薩

禮諸佛已。次復懺悔。某等。略懺煩惱障竟。今當次第懺悔業障。夫業者。能莊飾世趣。在在處處。不復思惟。求離世解脫。所以六道果報。種種不同。形類各異。當知皆是業力所作。佛十力中。業力甚深。凡夫之人。多於此中好起疑惑。何以故爾。現見世間行善之人。觸向轗音坎軻音科。爲惡之者。是事諧偶。謂言天下善惡無分。

如此計者。皆是不能深達業理。何以故爾。經中說言。有三種業。何等爲三。一者現報。二者生報。三者後報。現報業者。現在作惡。現身受報。生報業者。此生作善作惡。來生受報。後報業者。或是過去無量生中。作善作惡。於此生中受。或在未來無量生中方受。若今行惡之人。現在見好者。此是過去。生報。後報。善業熟故。所以現在有此樂果。豈關現在作諸惡業。而得好報。若今行善之人。現在縈苦者。此是過去。生報後報惡業熟故。現在善根力弱。不能排遣(音淺。)是故得此苦報。豈關現在作善而招惡報。所以然者。現見世間爲善之者。人所讚歎。人所尊重。故知未來必招樂果。過去既有如此惡業。所以諸佛菩薩。教令親近善友。共行懺悔。見善知識。於得道中。則爲全利。是故今日至誠。歸依於佛。某等無始以來。至於今日積惡如恆沙。造罪滿大地。捨身與受身。不覺亦不知。或作五逆深厚濁纏(音蟬)。無間罪業。或造一闡(音諂)提。斷善根業。輕誣佛語。謗方等業。破滅三寶。毀正法業。不信罪福。起十惡業。迷眞反正。癡惑之業。不孝二親。反戾之業。輕慢師長無禮敬業。朋友不信。無義之業。或作四重。八重。障聖道業。毀犯五戒。破八齋業。五篇七聚。多缺犯業。優婆塞戒。輕重垢業。或菩薩戒。不能清淨。如說行業。前後方便。汙梵行業。月無六齋。懈怠之業。年三長齋。不常修業。三千威儀。不如法業。八萬律儀。微細罪業。不修身戒。心慧之業。春秋八王。造眾罪業。行十六種。

惡律儀業。於諸眾生。無愍傷業。不矜不念。無憐愍業。不拔不濟。無救護業。心懷嫉妬。無度彼業。於怨親境。不平等業。耽荒五欲。不厭離業。或因衣食園林池沼(音早)。生蕩逸業。或以盛年。放恣(音之)情欲。造眾罪業。或作有漏善。迴向三有。障出世業。如是等罪。無量無邊。今日發露。向十方佛。尊法聖眾。皆悉懺悔。願(某)等。承是懺悔。無明等罪。諸不善業。盡皆消滅。所生福善。願生生世世。滅五逆罪。除闡提惑。如是輕重。諸罪惡業。從今已去。乃至道場。誓不更犯。常習出世。清淨善法。精持律行。守護威儀。如渡海者。愛惜浮囊。（音郎）六度四等。常標行首。戒定慧品。轉得增明。速成如來。三十二相。八十種好。十力無畏。大悲三念。常樂妙智。八自在我。歸依諸佛。願垂護念。某等前已。總相懺悔。一切諸業。今當次第更復一一。別相懺悔。若總若別。若麤(音初)若細。若輕若重。若說不說。品類相從。願皆消滅。別相懺者。先懺身三。次懺口四。其餘諸障。次第稽顙。身三業者。第一殺害。如經所明。恕己可為喻。勿殺勿行杖。雖復禽獸之殊。保命畏死。其事是一。若尋此眾生無始以來。或是我父母兄弟。六親眷屬。以業因緣。輪迴六道。出生入死。改形易報。不復相識。而今興害。食噉(音啖)其肉。傷慈之甚。是故佛言。設得餘食。當如饑世食子肉想。何況食噉此魚肉耶。又言。爲利殺衆生。以財網諸肉。二俱是惡業。死墮號叫獄。故知殺害。及以食噉。罪深河海。過重邱嶽。然我等無始以來。不遇善友。皆爲此業。是故經言。殺害之罪。能令衆生。墮於地獄。餓鬼受苦。若在畜生。則受虎豹豺狼鷹鷂(音耀)等身。或受毒虵(音蛇)蝮(音復)蠍(音歇)等身。常懷惡心。或受麞(音章)鹿熊羆(音皮)等身。常懷恐怖。若生人中。得二種果報。一者多病。二者短命。殺害食噉。既有如是。無量種種。諸惡果報。是故至誠。求哀懺悔。某等。自從無始以來。至於今日。有此心識。常懷

慘毒。無慈愍心。或因貪起殺。因瞋因癡。及以
慢殺。或興惡方便。誓殺願殺。及以呪殺。或破
決湖池。焚燒山野。畋(音田)獵漁捕(音補)。或因風放火。飛
鷹放犬。惱害一切。如是等罪。今悉懺悔。或以
檻弶(音強)坑撥。扠(音叉)戟弓弩。彈射飛鳥走獸之類。或
以罟(音古)網罾(音曾)釣。撩(音遼)漉(音六)水性。魚鼈(音別)黿(音元)鼉(音駝)蝦蜆(音顯)螺(音羅)蚌(音棒)。
濕居之屬。使水陸空行。藏竄(音串)無地。或畜養雞

猪。牛羊犬豕。鵞鴨之屬。自供庖廚。或賃（音任）他宰
殺。使其哀聲未盡。毛羽脫落。鱗甲傷毀。身首
分離。骨肉銷碎。剝裂屠割。炮燒煑（音主）炙。楚毒酸
切。橫加無辜。但使一時之快口。得味甚寡。不
過三寸舌根而已。然其罪報。殃累永劫。如是
等罪。今日至誠。皆悉懺悔。又復無始以來。至
於今日。或復興師相伐。疆場交爭。兩陣相向。

更相殺害。或自殺。教殺。聞殺歡喜。或習屠儈（音貴）賃（音認）爲刑戮。烹宰他命。行於不忍。或恣暴怒。揮戈舞刃。或斬或刺。或推着坑塹（音歉）或用水沉溺。或塞穴壞巢。或土石磓（音推）磾（音壇）。或以車馬轢（音歷）踐踏（音搭）一切眾生。如是等罪。無量無邊。今日發露。皆悉懺悔。又復無始以來。至於今日。或墮胎破卵。毒藥蠱（音古）道。傷殺眾生。墾（音肯）土掘地。種植田園。養蠶煑繭。傷殺滋甚。或打撲蚊蚋(音悉)掐(音恰)嚙(音咬)蚤(音早)虱(音十)。或燒除糞掃。開決溝渠。枉害一切。或噉果實。或用穀米。或用菜茹。橫殺衆生。或然樵薪。或露燈燭。燒諸蟲類。或取醬醋。不先搖動。或瀉(音卸)湯水。澆(音交)殺蟲蟻(音義)。如是乃至行住坐臥。四威儀中。恒常傷殺。飛空著地。微細衆生。凡夫識闇。不覺不知。今日發露。皆悉懺悔。又復無始以來。至於今日。或以鞭杖枷鎖。桁(音恆)械壓(音鴨)拉(音臘)拷(音考)掠(音畧)打擲(音值)。手腳蹴(音促)踏(音達)。拘縛籠繫。斷絕水穀。如是種種。諸惡方便。苦惱眾生。今日至誠。向十方佛。尊法聖眾。皆悉懺悔。願承是懺悔。殺害等罪。所生功德。生生世世。得金剛身。壽命無窮。永離怨憎。無殺害想。於諸眾生。得一子地。若見危難。急厄之者。不惜身命。方便救脫。然後爲說微妙正法。使諸衆生。覩形見影。皆蒙安樂。聞名聽聲。恐怖悉除。我今稽顙。歸依於佛。

南無毘盧遮那佛

南無本師釋迦牟尼佛

南無阿彌陀佛

南無彌勒佛

南無龍種上尊王佛

南無龍自在王佛

南無寶勝佛

南無覺華定自在王佛

南無袈裟幢佛

南無師子吼佛

南無文殊師利菩薩

南無普賢菩薩

南無大勢至菩薩

南無地藏菩薩

南無大莊嚴菩薩

南無觀自在菩薩

禮諸佛已。次復懺悔劫盜之業。經中說言。若物屬他。他所守護。於他物中。一草一葉。不與不取。何況竊盜。但自眾生。唯見現利。故以種種不道而取。致使未來。受此殃累。是故經言。
劫盜之罪。能令衆生。墮於地獄。餓鬼受苦。若
在畜生。則受牛馬驢騾駱駝等形。以其所有。
身力血肉。償(音常)他宿債(音在)。若生人中。爲他奴婢。衣
不蔽形。食不充口。貧窮困苦。人理殆盡。劫盜
既有如是苦報。是故今日至誠求哀懺悔。某
等自從無始以來。至於今日。或盜他財寶。興

刃強奪。或自奮身。逼迫而取。或恃公威。或假勢力。高析大械。枉壓良善。吞納姦貨。拷直爲曲。爲此因緣。身罹憲網。或任邪治。領他財物。侵公益私。侵私益公。損彼利此。損此利彼。割他自饒。口與心啎（音各）。竊沒租估（音古）。偷渡關津。私匿公課。藏隱使役。如是等罪。皆悉懺悔。又復無始以來。至於今日。或是佛法僧物。不與而取或經像物。或治塔寺物。或供養常住僧物。或擬招提僧物。或盜取誤用。恃勢不還。或自借。或貸人。或復換貸(音代)。漏忘。或三寶物。混亂襍用。或以眾物。穀米樵薪。鹽豉(音之)醬醋。菜茹(音汝)果實。錢帛竹木。繒(音增)綵旛蓋。香華油燭。隨情逐意。或自用。或與人。或摘佛花果。用僧鬘(音漫)物。因三寶財物私自利己，如是等罪。無量無邊。今日慚愧。

皆悉懺悔。又復無始以來。至於今日。或作周
旋朋友。師僧同學。父母兄弟。六親眷屬。共住
同止。百一所須。更相欺誷。或於鄉鄰。比近移
籬拓(音托)牆。侵他地宅。改標易相。虜掠資財。包占
田園。因公託私。奪人邸(音底)店。及以屯(音豚)野。如是等
罪。今悉懺悔。又復無始以來。或攻城破邑。燒
村壞柵(音冊)。偷賣良民。誘他奴婢。或復枉壓無罪

之人。使其形殂（音徂）血刃。身被徒鎖。家緣破散。骨
肉生離。分張異域。生死隔絕。如是等罪。無量
無邊。今悉懺悔。又復無始以來至於今日。或
商估博貨。邸店市易。輕秤小斗。減割尺寸。盜
竊分銖。欺調圭合。以麤易好。以短換長。欺巧
百端。希望毫利。如是等罪。今悉懺悔。又復無
始以來至於今日。穿窬（音於）牆壁。斷道抄掠。抵捍（音漢）

債息。負情違要。面欺心取。或非道陵奪。鬼神禽畜。四生之物。或假託卜相。取人財寶。如是乃至以利求利。惡求多求。無厭無足。如是等罪。無量無邊。不可說盡。今日致禱。向十方佛。尊法聖眾。皆悉懺悔。願承是懺悔。劫盜等罪。所生功德。生生世世。得如意寶。常雨七珍。上妙衣服。百味甘饌。種種湯藥。隨意所須。應念

卽至。一切衆生。無偷奪想。皆能少欲知足。不
耽不染。常樂惠施。行給濟道。捨頭目髓腦。如
棄涕唾(音吐)迴向滿足。檀波羅蜜。某等次復懺悔。
貪愛之罪。經中說言。但爲欲故。關在癡獄。沒
生死河。莫知能出。衆生爲是。五欲因緣。從昔
以來。流轉生死。一切衆生。歷劫生中。所積身
骨。如王舍城。毘富羅山。所飲母乳。如四海水。

身所出血。復過於此。父母兄弟。六親眷屬。命
終哭泣。所出目淚。如四海水。是故說言。有愛
則生。愛盡則滅。故知生死。貪愛為本。所以經
言。婬欲之罪。能令眾生。墮於地獄。餓鬼受苦。
若在畜生。則受鴿雀鴛鴦等身。若在人中。妻
不貞良。得不隨意。眷屬婬(音銀)欲。既有如此惡果。
是故今日至誠。求哀懺悔。某 等又復無始以

來。至於今日。或偷人妻妾。奪他婦女。侵陵貞潔。汚比邱尼。破他梵行。逼迫不道。濁心邪視。言語嘲調。或復恥他門戶。汚賢善名。或於男子。五種人所。起不淨行。如是等罪。無量無邊。今日至誠。皆悉懺悔。願承是懺悔。婬欲等罪。所生功德。生生世世。自然化生。不由胞胎。清淨皎潔。相好光明。六情開朗。聰利明達。了悟恩愛。猶如桎梏（音質 音告）。觀彼六塵。如幻如化。於五欲境。決定厭離。乃至夢中。不起邪想。內外因緣。永不能動。懺悔發願。已歸命禮三寶。前已懺悔身三業。竟今當次第懺悔口四惡業。經中說言。口業之罪。能令衆生。墮於地獄。餓鬼受苦。若在畜生。則受鵂（音休）鶹（音流）鴝（音鉤）鵒（音浴）鳥形。聞其聲者。無不憎惡。若生人中。口氣常臭。有所言說。人

不信受眷屬。不和。常好鬭諍。口業既有如此
惡果。是故今日。志誠歸依三寶。皆悉懺悔。某
等自從無始以來。至於今日。以惡口業。於四
生六道。造種種罪。出言麤獷（音拱）。發語暴橫。不問
尊卑。親疏貴賤。稍不如意。便懷瞋怒。罵詈（音利）毀
辱。猥褻（音杀）穢惡。無所不至。使彼銜恨。終身不忘。
連禍結讐。無有窮已。又或怨讟（音讀）天地。訶責鬼

神。貶斥（音冊）聖賢。誣汚良善。如是惡口。所起罪業。無量無邊。今日至誠。皆悉懺悔。又復無始以來。至於今日。以妄語業。作種種罪。意中希求。名譽利養。匿情變詐。昧心厚顏。指有言空。指空言有。見言不見。不見言見。聞言不聞。不聞言聞。知言不知。不知言知。作言不作。不作言作。欺誷賢聖。誑惑世人。至於父子君臣。親戚朋舊。有所談說。未嘗誠實。致使他人。誤加聽信。亡家敗國。咸此之由。或假妖幻。每自稱讚。謂得四禪。四無色定。安那般那。十六行觀。得須陀洹。至阿羅漢。得辟支佛。不退菩薩。天來龍來。神來鬼來。旋風土鬼。皆至我所。顯異惑衆。求其恭敬。四事供養。如是妄語。所起罪業。無量無邊。今日至誠。皆悉懺悔。又復無始以來。至於今日。以綺(音起)語業。作種種罪。言辭華靡。翰墨豔(音厭)麗。文過飾非。巧作歌曲。形容妖冶。摸(音莫)寫婬態(音太)。使中下之流。動心失性。耽荒酒色。不能自返。或恣任私讐。忘其公議。彼雖忠臣孝子。志士仁人。強作篇章。文致其惡。後世披覽。遂以為然。令其抱恨重泉。無所明白。如是綺語。所起罪業。無量無邊。今日至誠。皆悉懺悔。

又復無始以來。至於今日。以兩舌業。作種種罪。面譽背毀。巧語百端。向彼說此。向此說彼。唯知利己。不顧害他。讒間君臣。誣毀良善。使君臣猜（音叡）忌。父子不和。夫妻生離。親戚疏曠。師資恩喪。朋友道絕。至於交扇二國。渝盟失歡。結怨連兵。傷殺百姓。如是兩舌所起罪業。無量無邊。今日至誠。向十方佛尊法聖眾發露求哀。皆悉懺悔。願承是懺悔口四惡業所生功德。生生世世。具八音聲。得四辯才。常說和合利益之語。其聲清雅。一切樂聞。善解眾生。方俗言語。若有所說。應時應根。令彼聽者。即得解悟。超凡入聖。開發慧眼。懺悔發願已。歸命禮三寶。

前已懺悔身三口四業竟。今當次第懺悔六根。所作罪障。某等無始以來。至

於今日。或眼爲色惑。愛染玄黃紅綠朱紫。珍
玩寶飾。或取男女。長短黑白之相。姿態妖豔。
起非法想。或耳貪好聲。宮商絃管。妓樂歌唱。
或取男女音聲。語言啼笑之相。起非法想。或
鼻藉名香。沉檀龍麝(音射)。鬱金蘇合。起非法想。或
舌貪好味。鮮美甘肥。眾生血肉。資養四大。更
增苦本。起非法想。或身樂華綺。錦繡繒縠。一

切細滑。七珍麗服。起非法想。或意多亂想。觸向乖法。由此六根。所造罪業。無量無邊。今日至誠。向十方佛。尊法聖眾。皆悉懺悔。願以懺悔眼根功德。願令此眼。徹見十方諸佛菩薩。清淨法身。不以二相。願以懺悔耳根功德。願令此耳。常聞十方諸佛賢聖所說正法。如說奉行。願以懺悔。鼻根功德。願令此鼻。常聞香積。入法香位。捨離生死。不淨臭穢。願以懺悔。舌根功德。願令此舌。常餐法喜。禪悅之食。不貪眾生。血肉之味。願以懺悔。身根功德。願令此身。披如來衣。著忍辱鎧（音凱）。臥無畏牀。坐法空座。願以懺悔。意根功德。願令此意。成就十力。洞達五明。深觀二諦。空平等理。從方便慧。入法流水。念念增明。顯發如來。大無生忍。發願已。歸命禮常住三寶。

慈悲三昧水懺卷中

滅罪眞言

離婆離婆帝。求訶求訶帝。陀羅尼帝。尼訶羅帝。毘黎你帝。摩訶伽帝。眞陵乾帝。莎婆訶（三遍）

讚

西蜀九隴。有泌（音祕）其泉。厥名三昧。滌寃愆。迦諾啟眞源。清淨通玄。其法廣流傳。

南無懺摩會上佛菩薩三稱

南無阿彌陀佛

慈悲水懺法卷下

大慈大悲愍眾生　大喜大捨濟含識
相好光明以自嚴　眾等志心歸命禮

一切諸佛愍念眾生。為說水懺道場總法。今當歸命一切諸佛。

南無毗盧遮那佛
南無本師釋迦牟尼佛

南無阿彌陀佛
南無彌勒佛
南無龍種上尊王佛
南無龍自在王佛
南無寶勝佛
南無覺華定自在王佛
南無袈裟幢佛

南無師子吼佛

南無文殊師利菩薩

南無普賢菩薩

南無大勢至菩薩

南無地藏菩薩

南無大莊嚴菩薩

南無觀自在菩薩

禮諸佛已。次復懺悔。上來已懺身三口四竟。今當懺悔佛法僧間一切諸障。經中佛說。人身難得。佛法難聞。衆僧難値。信心難生。六根難具。善友難得。而今相與。宿植善根。得此人身。六根完具。又値善友。得聞正法。於其中間。復各不能盡心精勤。恐於未來。長溺萬苦。無有出期。是故今日至誠。求哀懺悔。某等。自從無始以來。至於今日。常以無明覆心。煩惱障意。見佛形像。不能盡心恭敬。輕蔑衆僧。殘害善友。破塔毀寺。焚燒經像。出佛身血。或自處華堂。安置尊像。卑猥之處。使煙薰日曝音報。風吹雨露。塵土汙坌音笨。雀鼠毀壞。共住同宿。曾無禮敬。或裸露像前。初不嚴飾。遮掩燈燭。關閉殿宇。障佛光明。如是等罪。今日至誠。皆悉懺悔。

又復無始以來。至於今日。或於法間。以不淨
手。把捉經卷。或臨經書。非法俗語。或安置牀
頭。坐起不敬。或開閉箱篋（音夾）蟲齧（音姤）朽爛。或首軸（音足）
脫落。部帙（音則）失次。或挽（音晚）脫漏悞。紙墨破裂。自不
修習。不肯流傳。如是等罪。今日至誠。皆悉懺
悔。或眠地聽經。仰臥讀誦。高聲語笑。亂他聽
法。或邪解佛語。僻（音辟）說聖意。非法說法。法說非

法。非犯說犯。犯說非犯。輕罪說重。重罪說輕。或抄前著後。抄後著前。前後著中。中著前後。綺飾文詞。安置己典。或為利養。名譽恭敬。為人說法。無道德心。求法師過。而為論義。非理彈擊。不為長解。求出世法。或輕慢佛語。尊重邪教。毀呰（音子）大乘。讚聲聞道。如是等罪。無量無邊。皆悉懺悔。又復無始以來。至於今日。或於僧間有障。殺阿羅漢。破和合僧。害發無上菩提心人。斷滅佛種。使聖道不行。或剝脫道人。鞭拷沙門。楚撻驅使。苦言加謗。或破淨戒。及破威儀。或勸他人。捨於八正。受行五法。或假託形儀。闚(音虧)竊常住。如是等罪。今悉懺悔。或裸露身形。輕衣唐突。在經像前。不淨腳履。踏上殿塔。或著屧(音減)屐(音及)。入僧伽藍。涕唾(音吐)堂房。汚佛僧地。乘車策馬。排擯〔音賓〕寺舍。凡如是等。於三寶間。
所起罪障。無量無邊。今日至誠。向十方佛尊
法聖眾。皆悉懺悔。願生生世世。常值三寶。尊
仰恭敬。無有厭倦。天繒妙綵。眾寶纓絡。百千
伎樂。珍異名香。花果鮮明。盡世所有。常以供
養。若有成佛。先往勸請。開甘露門。若入涅槃。
願我常得。獻最後供。於眾僧中。修六和敬。得

自在力興。隆三寶。上宏佛道。下化眾生。如上所說。於三寶間。輕重諸罪。皆已懺悔。其餘諸惡。今當次第。復更懺悔。如經中說。有二健兒。一者自不作罪。二者作已能悔。又有二種白法。能為眾生滅除眾障。一者慚。自不作惡。二者愧。不令他作。有慚愧者。可名為人。若不慚愧。與諸禽獸。不相異也。是故今日至誠。歸依於佛。如法懺悔。某等自從無始以來。至於今日。或信邪倒見。殺害衆生。解奏魑(音癡)魅(音昧)魍(音罔)魎(音兩)鬼神。欲希延年。終不能得。或妄言見鬼。假稱神語。如是等罪。皆悉懺悔。又復無始以來至於今日。或行動傲誕(音但)自高自大。或恃種姓。輕慢一切。以貴輕賤。用強陵弱。或飲酒鬭亂。不避親疎。惛醉終日。不識尊卑。如是等罪。今悉懺悔。或嗜飲食。無有期度。或食生鱠（音膾）。或噉五辛。熏穢經像。排擯淨眾。縱心恣意。不知限極。疎遠善人。狎近惡友。如是等罪。今悉懺悔。或貢高矯假。偃蹇自用。跋（音八）扈（音戶）抵揬。不識人情。自是非他。希望僥倖。如是等罪。今悉懺悔。或臨財無讓。不廉不恥。屠肉沽酒。欺誑自活。或出入息利。計時賣日。聚積慳貪。求無厭受。人供養。不慚不愧。或無戒德空納信施。如是等罪。
今悉懺悔。或捶打奴婢驅使僮吏。不問饑渴。
不問寒暑。或發撤(音徹)橋梁。杜絕行路。如是等罪。
今悉懺悔。或放逸自恣。無記散亂。樗(音樞)蒲圍棊。
羣會屯聚。飲酒食肉。更相擾餧(音兒)。無趣談話論
說天下。從年竟歲。空喪天日。初中後夜禪誦
不修。懈怠懶惰。尸臥終日。於六念處心不經

理見他勝事便生嫉妒心懷慘毒備起煩惱致使諸惡猛風吹罪薪火常以熾然無有休息三業微善一切俱焚善法既盡爲一闡提墮大地獄無有出期是故今日至禱稽顙(音桑)向十方三寶皆悉懺悔向來所有一切眾罪若輕若重若麤若細若自作若教他作若隨喜作若以勢力逼迫令作如是乃至讚歎行惡

法者今日至誠皆悉懺悔願承是懺悔一切
諸惡所生功德生生世世慈和忠孝謙卑忍
辱知廉識恥先意問訊(音信)修良正謹清潔義讓
遠離惡友常遇善緣收攝六情守護三業捍(音漢)
勞忍苦心不退沒立菩提志不負眾生發願
已歸命禮諸佛
南無毘盧遮那佛

南無本師釋迦牟尼佛
南無阿彌陀佛
南無彌勒佛
南無龍種上尊王佛
南無龍自在王佛
南無寶勝佛
南無覺華定自在王佛

南無袈裟幢佛

南無師子吼佛

南無文殊師利菩薩

南無普賢菩薩

南無大勢至菩薩

南無地藏菩薩

南無大莊嚴菩薩

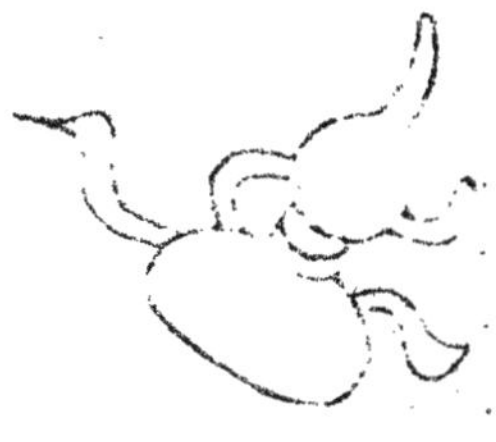

南無觀自在菩薩

禮諸佛已。次復懺悔。向來已懺悔煩惱障。已懺悔業障。所餘報障。今當次第。披陳懺悔。經中說言。業報至時。非空非海中。非入山石間。無有地方所。脫之不受報。惟有懺悔力。乃能得除滅。何以知然。釋提桓因。五衰相現。恐懼切心。歸誠三寶。五相即滅。得延天年。如是等比經教所明其事非一。故知懺悔實能滅禍。但凡夫之人若不值善友獎(音蔣)導則靡惡而不造致使大命將盡臨窮之際地獄惡相皆現在前。當爾之時悔懼交至不預修善臨窮方悔。悔之於後將何及乎。殃禍異處宿預嚴待。當獨趣入到地獄所。但得前行入於火鑊。身心摧碎精神痛苦如此之時欲求一禮一懺。

豈可復得眾等切莫自恃盛年財寶勢力懶
惰懈怠放逸自恣死苦一至無問老少貧富
貴賤皆悉摩滅奄忽而至不令人知夫人命
無常喻如朝露出息雖存入息難保云何忽
此而不懺悔但五天使者既來無常殺鬼卒
至盛年壯色無得免者當爾之時華堂邃（音遂）宇
何關人事高車大馬豈得自隨妻子眷屬非

復我親七珍寶飾乃爲他玩以此而言世間果報皆爲幻化天上雖樂會歸敗壞壽盡魂逝墮落三途是故佛語須跋陀言汝師鬱頭藍弗利根聰明能伏煩惱至於非非想處命終還作畜生道中飛狸（音萊）之身況復餘者故知未登聖果已還皆應輪轉備經惡趣如不謹愼忽爾一朝親嬰斯事將不悔哉如今被罪

行詣公門已是小苦情地惸惶眷屬恐懼求
救百端地獄眾苦比於此者百千萬倍不得
爲喻眾等相與塵劫以來罪若須彌云何聞
此安然不畏不驚不恐令此精神復嬰斯苦
實爲可痛是故至誠求哀懺悔某等從無始
以來至於今日所有報障然其重者第一唯
有阿鼻地獄如經所明今當畧說其相此獄

周匝有七重鐵城復有七重鐵網羅覆其上
下有七重鐵刀為林無量猛火縱廣八萬四
千由旬罪人之身徧滿其中罪業因緣不相
妨礙上火徹下下火徹上東西南北通徹交
過如魚在鏊脂膏皆盡此中罪苦亦復如是
其城四門門有四大銅狗其身縱廣四千由旬
牙爪鋒長眼如掣(昌徹)電復有無量鐵觜(遵上声)諸鳥奮

翼（音亦）飛騰噉罪人肉。牛頭獄卒。形如羅剎。而有九尾。尾如鐵叉。復有九頭。頭上十八角。角有六十四眼。一一眼中。皆悉迸（崩去聲）出。諸熱鐵丸。燒罪人肉。然其一一瞋一怒哮（音消）吼之時。聲如霹靂。復有無量無邊刀輪。空中而下。從罪人頂入。從足而出。於是罪人。痛徹骨髓。苦切肝心。如是經無數歲。求生不得。求死不得。如是等報。

今日皆悉稽顙慚愧懺悔次復懺悔刀山劍樹地獄身首脫落罪報懺悔鑊湯爐炭地獄燒煑罪報懺悔鐵牀銅柱地獄燋然罪報懺悔刀輪火車地獄劈礫罪報懺悔拔舌犁耕地獄楚痛罪報懺悔吞噉鐵丸烊銅灌口地獄五內消爛罪報懺悔鐵磨地獄骨肉灰粉罪報懺悔黑繩地獄肢節分離罪報懺悔灰

河沸屎(音矢)地獄。惱悶罪報。懺悔鹹水寒氷地獄。
皮膚拆(音冊)裂裸凍罪報。懺悔豺狼鷹犬地獄。更
相殘害罪報。懺悔刀兵距(音巨)爪地獄。更相搏(音閣)撮。
斫(音作)刺罪報。懺悔火坑地獄。炮炙罪報。懺悔兩
石相磕(音渴)地獄。形骸碎破罪報。懺悔眾合黑耳
地獄。解剔罪報。懺悔闇冥肉山地獄。斬剉(音挫)罪
報。懺悔鋸解釘身地獄。斷截罪報。懺悔鐵棒

倒懸地獄屠割罪報懺悔燋熱叫喚地獄煩
寃罪報懺悔大小鐵圍山間長夜冥冥不識
三光罪報懺悔阿波波地獄阿婆婆地獄阿
吒吒地獄阿羅羅地獄如是八寒八熱一切
諸地獄中復有八萬四千鬲子地獄以爲眷
屬此中罪苦炮煑楚痛剝皮刷肉削骨打髓
抽腸拔肺無量諸苦不可聞不可說南無佛

今日在此中者或是我等無始以來經生父母一切眷屬我等與彼命終之後或當復墮如此獄中今日洗心懇禱叩頭稽顙向十方佛大地菩薩求哀懺悔令此一切罪報畢竟消滅願承是懺悔地獄等報所生功德即時破壞阿鼻鐵城悉爲淨土無惡道名其餘地獄。一切苦具轉爲樂緣刀山劍樹變成寶林

鑊湯爐炭蓮花化生牛頭獄卒除捨暴虐皆
起慈悲無有惡念地獄衆生得離苦果更不
造因等受安樂如第三禪一時俱發無上道
心懺悔已至心信禮常住三寶

南無毘盧遮那佛

南無本師釋迦牟尼佛

南無阿彌陀佛

南無彌勒佛

南無龍種上尊王佛

南無龍自在王佛

南無寶勝佛

南無覺華定自在王佛

南無袈裟幢佛

南無師子吼佛

南無文殊師利菩薩

南無普賢菩薩

南無大勢至菩薩

南無地藏菩薩

南無大莊嚴菩薩

南無觀自在菩薩

禮諸佛已。次復懺悔。已懺地獄報竟。今當懺悔三惡道報。經中佛說。多欲之人。多求利故。苦惱亦多。知足之人。雖臥地上。猶爲安樂。不知足者。雖處天堂。猶不稱意。但世間人。忽有急難。便能捨財不計多少。而不知此身臨於三塗深坑之上。一息不還。便應墮落。忽有知識。勸營功德。令作未來善法貪糧。執此慳心。無肯作理。夫如是者。極爲愚惑。何以故爾。經

中佛說。生時不賫（音貲）一文而來。死亦不持一文
而去。苦身積聚。爲之憂惱。於己無益。徒爲他
有。無善可恃。無德可怙（音戶）。致使命終。墮諸惡道。
是故今日歸命三寶。至誠懺悔。次復懺悔畜
生道中。無所識知罪報。懺悔畜生道中。負重
牽犂。償他宿債罪報。懺悔畜生道中。不得自
在。爲他斫刺屠割罪報。懺悔畜生道中。無足

二足四足多足罪報懺悔畜生道中身諸毛羽鱗甲之內爲諸小蟲之所唼音匝食罪報如是畜生道中有無量罪報今日至誠皆悉懺悔次復懺悔餓鬼道中長受饑渴百千萬歲不聞漿水之名罪報懺悔餓鬼食噉膿血糞穢罪報懺悔餓鬼動身之時一切肢節火然罪報懺悔餓鬼腹大咽小罪報如是餓鬼道中

無量苦報。今日稽顙求哀。皆悉懺悔。次復懺
悔一切鬼神修羅道中。諛諂憍詐罪報。懺悔
鬼神道中。擔沙負石。塡（音田）河塞海罪報。懺悔鬼
神羅刹鳩槃荼諸惡鬼神。生噉血肉。受此醜
陋罪報。如是鬼神道中無量無邊。一切罪報。
今日稽顙。向十方佛大地菩薩。求哀懺悔。悉
令消滅。願承是懺悔。畜生等報所生功德。生

生世世。滅愚癡垢。自識業緣。智慧明照。斷惡
道身。願以懺悔餓鬼等報。所生功德。生生世
世。永離慳貪饑渴之苦。常餐甘露解脫之味。
願以懺悔鬼神修羅等報。所生功德。生生世
世。質直無諂。離邪命。因除醜陋果。福利人天。
願從今以去。乃至道場。決定不受四惡道報。
惟除大悲為眾生故。以誓願力。處之無厭。已

懺三塗等報。今當復次稽顙懺悔人天餘報。相與稟此閻浮壽命。雖曰百年。滿者無幾。於其中間盛年夭枉。其數無量。但有眾苦煎逼心形。愁憂恐怯未曾暫離。如此皆是善根微弱。惡業滋多。致使現在凡有所為。皆不稱意。當知悉是過去已來惡業餘報所致。是故今當懺悔無始以來至於今日所有現在及以未來人天之中無量餘報懺悔人間流殃宿對癃（音隆）殘百病。六根不具罪報懺悔人間邊地邪見三惡八難罪報懺悔人間多病消瘦。促（音族）命夭枉罪報懺悔人間六親眷屬不得常相保守罪報懺悔人間親友凋喪愛別離苦罪報懺悔人間冤家聚會愁憂怖畏罪報懺悔人間水火盜賊刀兵危險驚恐怯弱罪報懺悔人間孤獨困苦流離波迸亡失國土罪報。
懺悔人間牢獄繫閉幽執側立鞭撻拷楚罪
報。懺悔人間公私口舌更相羅染更相誣謗
罪報。懺悔人間惡病連年累月不瘥枕臥牀
席不能起居罪報。懺悔人間冬瘟夏疫毒癘
傷寒罪報。懺悔人間賊風腫滿否塞罪報。懺
悔人間為諸惡神伺求其便欲作禍祟罪報。

懺悔人間。鳥鳴百怪。飛屍邪鬼。僞作妖異罪報。懺悔人間。爲彼虎豹豺狼。水陸一切諸惡禽獸所傷罪報。懺悔人間。自縊（音意）自刺自殺罪報。懺悔人間。投坑赴火。自沉自墜罪報。懺悔人間。無有威德名聞。罪報。懺悔人間。衣服資生。不能稱心罪報。懺悔人間。行來出入。有所運爲。値惡知識。爲作留難罪報。如是現在未來人天之中。無量禍橫災疫厄難。衰惱罪報。
某等今日至誠。向十方佛尊法聖眾。求哀懺
悔。願皆消滅。前已懺悔三業六根。一切煩惱
障。一切業障。四生六道。一切報障。今當次第
發願回向。某等願以此懺悔三障。所生功德。
悉皆回向。施與一切眾生。俱同懺悔。願與一
切眾生。現生之內。身心安樂。三災八難。不吉

祥事。咸悉消除。衣食豐饒。正信三寶。捨此報身。皆得往生。極樂世界。親覲彌陀。得授記莂音別。當來世中。見彌勒佛。聽聞正法。如教進修。願得生生世世。在在處處。常值國王。興隆三寶。不生外道。邪見之家。又願生生世世。在在處處。蓮華化生。種族尊勝。安隱快樂。衣食自然。又願生生世世。在在處處。慈仁忠孝。等心濟

物。不生一念逆害之心。又願生生世世。在在
處處。常爲諸佛。之所護念。能降魔怨及諸外
道。與諸菩薩俱會一處。菩提道心。相續不斷。
又願生生世世。在在處處。興顯佛法修行大
乘。分身無量救度眾生。直至道場。無有退轉。
如諸佛菩薩。所發誓願。所修福智。所行回向。
我亦如是發願修集。回向虛空界盡。眾生界

盡眾生業盡。眾生煩惱盡。我此修行回向。向終無有盡。發願回向已。至心信禮常住三寶。

慈悲三昧水懺卷下

滅罪眞言

離婆離婆帝。求訶求訶帝。陀羅尼帝。尼訶羅帝。毘黎你帝。摩訶伽帝。眞陵乾帝。莎婆訶。(三遍)

讚

懺如浣滌。以水為名。至心頂禮罪根清。罪滅福由生。慧日昭靈覺海性圓澄。

南無懺摩會上佛菩薩 三稱

出懺　旋遶行道大眾和念

南無十方佛 云云　舉佛號畢。大眾就位。念六根化。

若有眼根惡　業障眼不淨　但當誦大乘

思念第一義　是名懺悔眼　盡諸不善業

耳根聞亂聲　壞亂和合義　由是起狂亂
猶如癡猿猴　但當誦大乘　觀法空無相
永盡一切惡　天耳聞十方　鼻根著諸香
隨染起諸觸　如此狂惑鼻　隨染生諸塵
若誦大乘經　觀法如實際　永離諸惡業
後世不復生　舌根起五種　惡口不善業
若欲自調順　應勤修慈心　思法真實義

無諸分別相　心想如猿猴　無有暫停時
若欲折伏者　當勤誦大乘　念佛大覺身
力無畏所成　身爲機關主　如塵隨風轉
六賊遊戲中　自在無罣礙　若欲滅此惡
永離諸塵勞　常處涅槃城　安樂心澹泊
當誦大乘經　念諸菩薩母　無量勝方便
從思實相得　如此等六法　名爲六情根

一切業障海　皆從妄想生　若欲懺悔者
端坐念實相　重罪如霜露　慧日能消除
是故應志心　懺悔六情根

自歸依佛　當願眾生　體解大道　發無上心

自歸依法　當願眾生　深入經藏　智慧如海

自歸依僧　當願眾生　統理大眾　一切無礙

和南聖眾

悟達國師傳

知元字後覺。姓陳。眉州洪雅人。七歲在寍夷寺聽講涅槃經。宛如宿習。是夕夢佛手摩其頂。年十一出家。授以經疏。通達深奧。年十三。即升堂講論。黑白傾聽。宣宗朝召。入京。賜紫袈裟。奏復天下廢寺。尋乞歸故山。僖宗朝。錫號悟達國師。賜沉香座。膝上忽生人面瘡。時謁僧迦羅摩令元以泉水洗之瘡忽語曰公知袁盎殺晁錯乎公即盎我乃錯也累世求報而公十世爲高僧戒律精嚴不得其便今公受賜過奢故能害之而迦諾尊者以三昧水洗我我去汝不爲怨矣瘡遂差元少欲過中不食六時行道累致顯應一日忽聞空中聲曰必生淨土乃訊曰孰之語邪空又應曰

佛也。又見一菩薩降庭中。丁盥讚論。忽不見
臨終時囑令棄屍飼魚鳥。曰。吾久與西方淨
土有期。今其時矣。言訖。右脅面西而沒。年七
十三。見宋高僧傳
神僧傳

戒定真香　焚起沖天上　衆等虔誠　爇在金爐上　傾刻紛紜　即遍滿十方　昔日耶輸　免難消災障

南無香雲蓋菩薩摩訶薩（三稱）◎跪

○卷上入懺文（恭聞以下長跪合掌主一句衆一句用雙引磬上下交板一字一擊唱之）

恭聞一佛出世開八萬四千之法門．一月在天破大地九幽之昏暗。廓一乘之妙道．懺一切之愆尤。仰啓　七佛世尊十方慈父．舒毫相光鑒茲虔懇。今則某為求懺某等恭對金蓮座下．熏修水懺法門。今當第一卷入壇緣起．我諸行人於其壇內。三業清淨一念精專．燒香散花胡跪合掌。頂禮十方三寶．皈依大覺金仙。懇切投誠．發露懺悔。伏念某等一性沉迷汩沒於四生之內．一真昏昧輪轉於六趣之中。由是恣身口意．縱貪嗔癡。謬作妄為造無邊之業障．隨邪逐惡起多種之愆尤。故如來啓方便之教門．然我等投誠而懺悔。仰憑清衆披誦靈文．洗滌愆尤資嚴淨戒。我願如斯。佛必哀憐。懇叩洪慈。冥熏加被。（起懺）

○卷上出懺文

恭聞紫金妙相隨緣赴感於華雨叢中・滿月慈容愍物垂光於香烟雲裏。坐獅子座・演微妙音。願舒千日之光明・鑒我一時之回向。上來奉為求懺某等普集現前清衆・熏修三昧靈文。今當第一卷功果克諧・我諸行人於其壇內。燒香散花・胡跪合掌。依文懺過・行道遶旋。稱唱洪名所集功德・先伸回向常住真慈。三寶會下・護法諸天。上中下界之神祇・遠近無邊之靈貺。伏願如茲功德・咸生歡喜之心。流福澤於人間天上・宣化日於此界他方。圓滿道場・出生善果。專為求懺某等滅罪釋愆・迎祥集福求生淨土。伏冀一生罪業冰消・一切業緣清淨。一心解悟向一理之真如・一念回光造一乘之妙道。轉苦緣而成樂具・洒業惱而得清涼。祖禰先亡決定往生於淨界・合門人眷方當永享於遐齡。等冤親而共涉恩波・與凡聖而齊登寶地。今則依文懺悔・又恐微細難除。再勞尊衆。同求懺悔。

南無求懺悔菩薩摩訶薩（三稱）

花奉獻　文殊共普賢　牡丹芍藥真堪羨　百花獻上黃金殿　花開花謝綻金蓮　青衣童子　供獻慈尊面

南無普賢王菩薩摩訶薩（三稱）

○卷中入懺文

恭聞一塵清淨慈雲甘露以涓涓．二行圓明金相玉毫而蕩蕩。或示三十二應．或現千百億身。坐寶蓮臺．證明功德。奉為求懺某等熏修慈悲三昧懺法．茲當第二卷入壇緣起。我諸比丘信眾虔誠懇切．如法修持。梵兜樓婆．散分陀利。供養十方三寶．稱揚諸佛洪名。翹勤作禮．發露罪垢。切念某等遠從多劫．迄至今生。有二障之所纏．起二種之顛倒。迷真逐妄．背覺合塵。三寶之前不生景仰．二親分上孝道乖違。恣口意之貪瞋．殺生靈而食噉。罪為千種．業造萬端。匪假懇修於懺法．何能免離於愆尤。由是皈依大覺．發露懺悔。我願如斯。佛必哀憐。仰叩洪慈。冥熏加被。（起懺）

○卷中出懺文

恭聞塵消境寂菩提香散於人天・罪滅性空般若光輝於法界。仰啓千花臺上萬葉蓮中・大圓覺海婆伽至尊。願賜威光・證明丹懇。上來奉爲求懺某等熏修慈悲道場懺法・今當第二卷功果周隆。衆等虔誠・心生渴仰。出懺入懺・稱唱洪名。所集功因・專伸回向。真如界內福慧兩足之尊・華藏海中悲智二嚴之主。十方菩薩・四果聲聞。護法諸天・冥陽賢哲。平等資陪・普皆饒益。伏願心月娟娟到波羅之彼岸・性天朗朗入圓覺之玄門。常爲佛法棟樑・普利十方含識。傾心悔過・情恐未除。仰勞尊衆。求哀懺悔。

南無求懺悔菩薩摩訶薩(三稱)

＊

＊

＊

＊

＊

慈悲三昧水懺　卷下

讚

燈晃耀　盈煌列寶臺　光明遍照周沙界　昏衢朗耀俱無礙　閻魔

聽禮紫金臺　然燈佛成道　曾受人天拜

南無普賢王菩薩摩訶薩（三稱）

○卷下入懺文

恭聞三祇煉行．三覺功圓。三乘得道之聖賢．三界分司之靈哲。願赴三熏三沐．恭臨三請三歸。翹勤三業之道場．敷露三時之佛事。奉為求懺某等入此道場．熏修三昧懺法。茲當第三卷入壇緣起．我諸行人。端恪一心．肅恭三業。切念求懺某等一迷真性．直至如今。三心障蔽恣煩惱之貪瞋．三業荒唐起無明之邪見。造八萬塵勞之業海．作百千蓋障之深愆。罪積丘山．業如滄海。況以毀佛謗僧撥無因果．不覺不知故作誤為。如山過咎．未遂披陳。仗三寶之祥光．潔一心而懺悔。我願如斯。佛必哀憐。仰叩洪慈。俯垂加被。（起懺）

○卷下出懺文

恭聞香雲結果如來放五色之光明．寶燭吐花菩薩現優曇之瑞相。三轉法輪於座上．三身圓現於光中。圓滿勝因．證明功德。上來奉為求懺某等恭對　覺皇座下．熏修三昧玄文。今當第三卷功德周隆．我諸行人於其壇內。從始至終．謹依科範。行道繞旋．諷經持咒。宣懺頂禮．唱佛皈依。獻心花於諸佛像前．雪罪愆於衆真座下。所集殊勳．先伸回向。樂邦無量壽．華藏釋迦尊。冥陽兩界之威靈．遠近無邊之真宰。以此殊勝善因．敬為求懺某等．洗空微細罪愆．成就無邊福利。伏願百千化佛共興一子之悲心．三世如來稟受七支之具戒。三無漏學宣明．三會龍華授記。一心不亂．業識頓空。四恩普報．三有均資。法界冤親．咸沾利樂。雖則依文懺悔．猶恐發露未誠。再勞尊衆．重求懺悔。

南無求懺悔菩薩摩訶薩(三稱)

慈悲三昧水懺　懺文終

國家圖書館出版品預行編目資料

慈悲三昧水懺／悟達國師著. -- 初版. -- 新北市：
華夏出版有限公司, 2023.06
面； 公分. --（圓明書房；010）
ISBN 978-626-7134-87-0（平裝）
1.CST：懺悔 2.CST：佛教儀注

224.4 111021753

圓明書房 010
慈悲三昧水懺

著 作 悟達國師
印 刷 百通科技股份有限公司
電話：02-86926066 傳真：02-86926016
出 版 華夏出版有限公司
220 新北市板橋區縣民大道 3 段 93 巷 30 弄 25 號 1 樓
電話：02-32343788 傳真：02-22234544
E-mail： pftwsdom@ms7.hinet.net
總 經 銷 貿騰發賣股份有限公司
新北市 235 中和區立德街 136 號 6 樓
電話：02-82275988 傳真：02-82275989
網址：www.namode.com
版 次 2023 年 6 月初版一刷
特 價 新臺幣 280 元（缺頁或破損的書，請寄回更換）

ISBN-13：978-626-7134-87-0